똑 부러지게
내 생각을 전하는
쓰기 연습

임정민 글 | 히쩨미 그림

휘둘리지 않고, 자존감을 지키며, 똑똑하게 소통하기

서사원주니어

부모님께

"친구들과 같이 놀고 싶어 하는데 아이가 먼저 다가가질 못해요."
"서운하고 속상한 일이 있어도 겉으로 표현하지를 않아요."
"친구들이 놀리거나 심한 장난을 칠 때 강하게 대처하지 못해요."
"아이가 산만하고 두서 없이 말해요."
"가끔씩 통제가 안 되고 친구들에게 상처 주는 말을 해요."

학부모 대상의 대중 강연과 교육원 수업을 통해 자녀의 말하기와 또래 관계로 고민이 깊은 보호자 분들을 만나 왔습니다. 아이들 사이에서 일어나는 일에 대해 보호자가 일일이 관여할 수도 없고, 중재에 나섰다가 괜히 보호자들끼리 얼굴을 붉혔던 경험이 있어서 난감하고 조심스러운 눈치였어요. 아이는 자랄수록 보호자보다 또래 친구들과의 소통이 늘고, 보호자는 아이를 대신해 학교생활과 친구 관계에서 겪는 어려움을 모두 해결해줄 수 없지요. 결국 아이 스스로 어떤 상황에서도 휘둘리지 않고, 자존감을 지키며, 똑똑하게 말할 수 있어야 합니다. 보호자는 아이 곁에서 '해결사'가 아니라 '조력자'가 되어주셨으면 해요.

그렇다면, 보호자로서 어떻게 아이를 도와줄 수 있을까요?

먼저, 성격에 따라 말하는 방식이 다르다는 것을 알려주세요. 어른과 마찬가지로 아이들도 다양한 성격의 사람들을 만납니다. 수줍음이 많은 친구, 소극적이고 의존적인 친구, 활달하고 유쾌한 친구, 배려심이 많은 친구, 까칠하고 공격적인 친구, 고집이 센 친구 등 자신과 비슷하거나 완전히 다른 성격을 가진 친구들이 있지요. 자신을 포함한 다양한 사람들의 성격을 알고 상호작용하는 방법을 배운다면 슬기롭게 친구 관계를 맺을 수 있고 학교생활이 훨씬 수월해질 거예요.

이 책에서는 실생활에 쉽게 적용할 수 있도록 성격을 '화끈이, 포용이, 침착이, 솔직이, 끄덕이' 다섯 가지 캐릭터로 구분했는데요. 아이가 주변 사람들과 의사소통하는 과정에서 겪을 수 있는 상황을 그림으로 제시하고, 각 상황마다 아이가 어떤 캐릭터로 말하고 행동해야 하는지에 대한 해법을 담았습니다. 《똑 부러지게 내 생각을 전하는 말하기 연습》과 《똑 부러지게 내 감정을 전하는 말하기 연습》에서 상황별 대처 방법을 익혔다면, 이 책에서는 핵심 대사를 직접 따라 읽으며 써보고 연습할 수 있을 거예요.

누구에게나 또는 어떤 상황에서든 무조건 친절하고 예쁘게 말하는 것이 능사는 아니에요. 친구들끼리 서로 의견을 주고받을 때는 자기 생각을 정확하고 조리 있게 전달해야 하고, 누군가 무례한 태도를 보이거나 나를 놀리는 상황에서는 엄격하게 대처할 수 있어야 하지요. 예를 들어 아이가 기분 나쁘게 말하는 친구 때문에 상처 받았다면, 보호자는 "○○에게 가서 예쁘게 얘기해달라고 말해."라고 하기보다는 "그런 말을 들어서 기분이 나쁘다고 솔직하게 얘기해."라고 말해주어야 합니다. 이렇게 우리 아이가 상황에 맞는 성격 캐릭터로 말할 수 있다면, 분명 상황에 휘둘리지 않고 똑 부러지는 단단한 아이로 성장할 겁니다.

'말을 잘한다는 것'은 그리 쉬운 일이 아닙니다. 그러나 누구나 배우고 연습하면 잘할 수 있기에 도전해볼 만한 가치가 있지요. 아이의 또래 관계나 학교생활을 넘어 인생 전체에 큰 영향을 미치는 능력이니까요. '할 말'을 미리 글로 써보는 것이 말하기 실력을 높이는 데도 도움이 됩니다. 글을 쓰면서 내 생각과 감정이 정리되고, 차분하게 상황 판단을 하게 되거든요. 아이는 쓰면서 할 말을 준비하고, 소리 내어 말하면서 한 번 더 연습하는 선순환의 경험을 하게 됩니다.

아이에게 시간이 조금 필요할 수 있어요. 평소 소극적인 태도로 자기의 생각과 감정을 잘 표현하지 않았던 아이라면 짓궂은 장난을 치는 친구에게 단호하게 말하는 것이 쉽지 않겠지요. 지금까지 습관적으로 나오던 내 성격이 아니라, 각 상황에 맞는 성격 캐릭터를 택해 말할 수 있을 때까지 아이를 믿고 지켜봐주세요. 아이를 대신해 말하거나 문제를 해결해주지 마시고, 조력자로서 옆에서 힘이 되어주시길 바랍니다.

임정민

어린이 여러분에게

이 책은 어린이 독자 여러분이 진심으로 행복하길 바라는 마음으로 썼습니다. 마음이 맞는 친구들과 함께하는 학교생활만큼 행복한 일은 없지요? 여러분이 좀 더 슬기롭게 친구 관계를 맺고 즐거운 학교생활을 할 수 있게 도와줄 대화법을 이 책에 담았습니다.

'이런 상황에서는 뭐라고 말해야 하지?'라고 고민한 순간들이 많았을 거예요. 친구 사이에 불편한 상황이나 갈등이 있을 때 마땅히 대처할 말이 떠오르지 않아서 답답하고 난감했던 기억도 있을 테지요. 이 책에 나오는 '화끈이, 포용이, 침착이, 솔직이, 끄덕이' 다섯 가지 성격 캐릭터를 잘 이해하면 각 상황에 맞는 적절한 말을 할 수 있게 된답니다.

특히, 캐릭터별 핵심 대사를 내 것으로 익혀야 실제 상황에서 자연스럽게 말이 나올 수 있어요. 손으로 따라 쓰면서, 동시에 입으로 소리 내어 말해봐요. 다 쓴 다음에는 여러 번 소리 내어 반복해보세요. 이렇게 눈으로 내용을 읽는 행위와 손으로 글을 쓰는 행위, 입으로 소리 내어 말하는 행위를 함께 연습하면 내용을 온전히 내 것으로 만들 수 있습니다. 여기서 끝이 아니에요. 글씨를 바르게 쓰는 습관이 길러지고, 쓰는 데 몰입하는 과정을 통해 정서적으로도 안정감을 느낄 수 있어요. 그러니 1석 3조의 효과를 보는 셈이죠.

내 생각과 감정을 전하는 말을 따라 쓰고 소리 내어 말할수록 내면이 단단해지고 자신감과 실력은 더 빠르게 늘 수밖에 없답니다. 자신의 멋진 모습을 상상하면서 이제부터 연습해봐요! 어린이 독자 여러분 모두 응원할게요!

다섯 가지 성격 캐릭터

모든 성격은 양면성을 가지고 있습니다. 따라서 각 성격이 단점보다는 장점으로 발휘될 수 있도록 해야 합니다. 이 책에서는 학교에서 발생하는 다양한 상황들과 친구 관계에서 일어나는 크고 작은 갈등에 슬기롭게 대처할 수 있는 말하기를 각 캐릭터의 장점을 이용해 연습해보겠습니다.

화끈이

규칙을 중요시하고 소신이 있는 어린이

- ✓ **장점:** 도덕적인 규범과 규칙, 사회 질서를 잘 지킵니다.
- ✓ **단점:** 친구들에게 강압적이거나 독선적인 태도를 보이며, 대놓고 비난하는 말을 합니다.

포용이

배려하고 공감하는 어린이

- ✓ **장점:** 상대방의 감정에 공감하고 배려하며, 힘든 친구에게 도움의 손길을 건넵니다.
- ✓ **단점:** 잔소리를 심하게 하고, 상대가 원하지 않아도 과도하게 친절을 베풉니다.

차분하고
사실적인 어린이

✓ **장점:** 객관적인 사실을 중심으로 생각하고 말하며, 차분하고 침착하게 행동합니다.
✓ **단점:** 인간미가 없으며, 다소 딱딱하고 냉정합니다.

감정에 솔직하고
표현하는 어린이

✓ **장점:** 자신의 감정을 잘 드러내며, 호기심이 많고 천진난만합니다.
✓ **단점:** 반항하거나 충동적일 때가 있으며, 돌발적인 행동을 벌여 상황을 난처하게 만듭니다.

양보하고
순응하는 어린이

✓ **장점:** 남들 앞에서 튀는 것보다 친구들에게 양보하고 겸손한 태도를 보입니다.
✓ **단점:** 지나치게 다른 사람의 눈치를 보며 우물쭈물하고, 타인에게 의존적인 태도를 보입니다.

이렇게 따라 써요

다른 사람에게 하는 말

1 그림을 보고 어떤 상황인지, 나도 비슷한 경험을 한 적이 있는지 생각해봐요.

새치기를 하는 친구에게

친구들과 함께 생활하는 학교에서는 다 같이 질서를 지키는 것이 매우 중요해.
새치기를 하는 친구에게는 차례를 지키자고 단호하게 말하자.

2 이런 상황에는 다른 사람에게 어떻게 대처해야 하는지 알아봐요.

	새	치	기	를		하	면	
안		돼	.		차	례	를		지
키	자	!							

3 상황에 맞는 말을 소리 내어 말하며 따라 써보세요. 각 성격 캐릭터와 어울리는 말투로 말하며 한 번은 흐린 글자 위에, 한 번은 빈 칸 위에, 따라 쓰세요. 문장이 두 줄로 끝날 때는 한 번 더 따라 쓸 수 있어요.

나에게 하는 말

나에게 쓰는 편지

나의 잘못된 말과 행동을 떠올리며, 화끈이처럼 나에게 편지를 써보자.

1 내가 비슷한 감정을 느낀 적 있는지 떠올려봐요.

자꾸 거짓말을 하는 나에게

앗, 나도 모르게 자꾸 거짓말을 하게 되네.

거짓말은 하면 안 돼.

거짓말은 하면 안 돼.

2 나 자신에게 해줄 말을 소리 내어 말하며 손으로 따라 써요. 다 쓴 다음에 여러 번 반복해서 말해봐도 좋아요. 각 성격 캐릭터에 어울리는 말투로 말하며 내용을 온전히 내 것으로 만들어요.

나와 다른 사람을 속이는

나와 다른 사람을 속이는

나중에는 아무도 날 믿지 않을 거야.

나중에는 아무도 날 믿지 않을 거야.

잘못을 감추지 말고 솔직하게 말하자.

잘못을 감추지 말고 솔직하게 말하자.

28

목차

부모님께 2

어린이 여러분에게 5

다섯 가지 성격 캐릭터 6

이렇게 따라 써요 8

들어가기 전에

나의 성격 유형 진단하기 13

에고그램 분석지 16

PART 1
'화끈이'로 단호한 말 쓰기

1 새치기를 하는 친구에게 20

2 나쁜 행동을 부추기는 친구에게 21

3 뒤에서 내 험담을 하는 친구에게 22

4 잘못해 놓고 사과를 안 하는 친구에게 23

5 급식 반찬을 뺏어 먹는 친구에게 24

6 부모님에 대해 무례하게 말하는 친구에게 25

7 나를 때린 형제자매에게 26

8 느린 학습자 친구를 괴롭히는 친구들에게 27

나에게 쓰는 편지

자꾸 거짓말을 하는 나에게 28

숙제를 미루는 나에게 29

PART 2

'포용이'로 공감하는 말 쓰기

1. 나를 좋아한다고 고백하는 친구에게 32
2. 혼자 있어서 외로워 보이는 친구에게 33
3. 도움을 주고 싶은 친구에게 34
4. 칭찬해주고 싶은 친구에게 35
5. 회장 선거에서 떨어진 친구에게 36
6. 감정을 못 이겨 씩씩대는 친구에게 37
7. 실수해서 속상해하는 친구에게 38
8. 아끼는 반려동물을 잃은 친구에게 39
9. 마음대로 안 된다고 짜증을 내는 친구에게 40
10. 승부욕이 과해서 게임을 망치는 친구에게 41

나에게 쓰는 편지

외모가 마음에 안 드는 나에게 42

시험을 망쳐서 울적한 나에게 43

PART 3

'침착이'로 객관적인 말 쓰기

1. 서로 다른 의견을 상의하는 친구들에게 46
2. 내 경험과 의견을 궁금해하는 친구에게 47
3. 방학에 한 일을 묻는 친구에게 48
4. 길을 어떻게 찾아갈지 묻는 친구에게 49
5. 새학기 자기소개를 할 때 반 친구들에게 50
6. 어느 쪽을 결정할지 묻는 상대에게 51
7. 내 사진을 보여달라고 하는 온라인 상대에게 52
8. 설명이 잘 이해되지 않을 때 선생님에게 53

나에게 쓰는 편지

발표를 앞두고 긴장한 나에게 54

계획이 틀어져서 당황한 나에게 55

PART 4
'솔직이'로 감정 표현하는 말 쓰기

1. 외모나 옷차림을 놀리는 친구에게 58
2. 자기 생각만 고집하는 친구에게 59
3. 갑자기 약속을 취소하는 친구에게 60
4. 내 칭찬을 하는 친구에게 61
5. 심하게 잘난 척을 하는 친구에게 62
6. 속상한 일로 놀리는 친구에게 63
7. 다른 친구들과 못 놀게 하는 친구에게 64
8. 내 SNS에만 '좋아요'를 안 누르는 친구에게 65

나에게 쓰는 편지

상을 받은 친구가 부러운 나에게 66

목표를 이뤄서 자랑스러운 나에게 67

PART 5
'끄덕이'로 양보하는 말 쓰기

1. 사과를 받아주지 않는 친구에게 70
2. 같이 찍은 사진을 올리지 말라는 친구에게 71
3. 내 부탁을 거절하는 친구에게 72
4. 내 실수에 기분 나빠하는 친구에게 73
5. 절교 선언을 한 친구에게 74
6. 소외 당했다고 느껴서 삐진 친구에게 75
7. 다른 친구를 좋아하는 이성 친구에게 76
8. 내 잘못을 꾸중하는 어른에게 77

나에게 쓰는 편지

맡은 역할이 아쉬운 나에게 78

친구 장난감으로 놀고 싶은 나에게 79

부록 말하기 일기 노트 80

> 들어가기 전에

나의 성격 유형 진단하기

자신을 이해하는 방법 중 하나로 에고그램Egogram이 있습니다. 에고그램은 미국의 정신의학자 에릭 번이 창시한 교류분석 이론에서 자아상태의 기능분석에 속합니다. 미국의 심리학자인 존 M. 듀세이가 이를 발전시켜 ==사람의 성격을 교류분석 측면에서 그래프로 시각화한 것==이지요. 에고그램은 심리적인 지문과 같은 것으로, 사람마다 고유의 프로파일Profile을 갖기 때문에 자신을 이해하는 데 도움이 됩니다.

초등학교 고학년(4~6학년)은 스스로 직접 진단하고, 저학년(1~3학년)은 부모님이 아이의 모습을 관찰하여 대신 진단해보길 권합니다.

성격 유형 에고그램 진단

☐ 학교나 친구들 앞에서 보여주는 내 모습을 생각하면서 빠르게 응답해요.

☐ 이상적으로 바라는 모습이 아닌, 나의 평소 모습을 떠올려야 해요.

☐ 질문을 읽고, 평소의 모습과 비슷하면 ○표, 다르다고 생각하면 ✕표를 빈 칸에 표시해요. 판단하기 어려운 경우에만 예외적으로 △표를 해요. 정확한 진단을 위해서는 될 수 있으면 ○, ✕로 표시하는 게 좋아요.

☐ '○'는 2점, '△'는 1점, '✕'는 0점으로 계산해요. 각각 세로줄의 총합을 계산해서 '합계' 칸에 써요.

☐ 16쪽의 분석지에 5개의 최종 값을 점으로 찍고 막대그래프를 그려요.

1	여러 가지 책을 많이 읽는 편인가요?	
2	화려한 것을 좋아하나요?	
3	무슨 일이든 정확하게 하지 않으면 기분이 나쁜가요?	
4	다른 사람의 표정을 살피면서 행동하는 버릇이 있나요?	
5	다른 사람이 잘못을 했을 때 용서해주기가 어려운 편인가요?	
6	누군가 길을 물을 때 친절하게 알려주나요?	
7	친구나 동생을 자주 칭찬해주나요?	
8	일이 잘 안될 때는 냉정하게 생각하나요?	
9	여러 사람이 모여 떠들고 노는 것을 좋아하나요?	
10	나는 책임감이 강한 사람이라고 생각하나요?	
11	싫어도 싫다는 말을 안 하고 참을 때가 있나요?	
12	다른 사람을 도와주는 것을 좋아하나요?	
13	남들은 잘하는데 나는 못한다고 생각할 때가 있나요?	
14	자기 생각을 굽히지 않고 끝까지 밀고 나가는 편인가요?	
15	결정을 내릴 때 다른 사람의 의견을 듣고 참고하나요?	
16	어려운 일은 바로 하지 않고 질질 끄는 버릇이 있나요?	
17	다른 사람의 나쁜 점보다 좋은 점을 많이 보는 편인가요?	
18	언제나 무리를 해서라도 잘 보이려고 노력하나요?	
19	처음 하는 일은 충분히 검토한 후에 시작하나요?	
20	예의범절에 대해 엄격하게 교육을 받았나요?	
21	어떤 일이든 이익과 손해를 생각하고 행동하나요?	
22	"우아~" "멋지다" "대단하다"와 같은 감탄사를 많이 쓰나요?	
23	일을 시작했을 때 끝까지 하지 않으면 마음이 불편한가요?	
24	누군가 실망에 차 있으면 위로하고 용기를 주나요?	
25	내 생각보다는 부모님이나 다른 사람의 말에 영향을 잘 받는 편인가요?	
26	슬프거나 우울한 기분일 때가 있나요?	
27	부모님의 말씀은 꼭 지키는 편인가요?	

번호	질문	화끈이	포용이	침착이	솔직이	끄덕이
28	말하고 싶은 것이 있으면 망설이지 않고 하는 편인가요?				☐	
29	"안 돼" "~해야 해"라는 말을 잘 쓰는 편인가요?	☐				
30	겸손하고 앞에 나서지 않는 편인가요?					☐
31	부모님의 기분을 맞춰 드리곤 하나요?		☐			
32	즐거움이나 슬픔을 표정이나 동작으로 자유롭게 나타내나요?				☐	
33	친구들과 어울릴 때 차분하고 침착한 편인가요?			☐		
34	가지고 싶은 것이 있으면 망설이지 않고 말하는 편인가요?				☐	
35	속으로는 불만이지만 겉으로는 만족한 것처럼 행동할 때가 있나요?					☐
36	몸 상태가 좋지 않을 때는 무리하지 않고 쉬나요?			☐		
37	이성 친구에게도 자유롭게 말할 수 있나요?	☐				
38	친구들과 농담을 하거나 장난치는 것을 좋아하나요?	☐				
39	돈이나 시간에 대해 확실하지 않은 것을 싫어하나요?			☐		
40	부모님과 침착하게 대화하나요?			☐		
41	공부나 해야 할 일을 계획한 대로 하나요?			☐		
42	친구들에게 선물하는 것을 좋아하나요?		☐			
43	누군가 도움을 청하면 "나한테 맡겨" 하며 도와주는 편인가요?	☐				
44	나중에 내가 부모님이 되면 자식을 엄하게 키울 것 같은가요?	☐				
45	그림 그리기나 노래 부르기를 좋아하나요?				☐	
46	누군가 실수나 실패를 하면 몰아붙이지 않고 용서하나요?		☐			
47	싫은 것을 싫다고 말하나요?				☐	
48	동생이나 나보다 나이가 어린 아이를 귀여워하나요?		☐			
49	별자리나 타로 점을 보는 것은 미신이라고 생각하나요?			☐		
50	먹을 것이나 옷이 없는 사람이 있다면 도와줄 건가요?		☐			

○ : 2　△ : 1　× : 0　　　　　합 계

에고그램 분석지

에고그램 진단으로 나온 5개의 결과 값(점수)을 차례대로 점으로 찍은 뒤 막대그래프를 그리고 선으로 연결합니다.

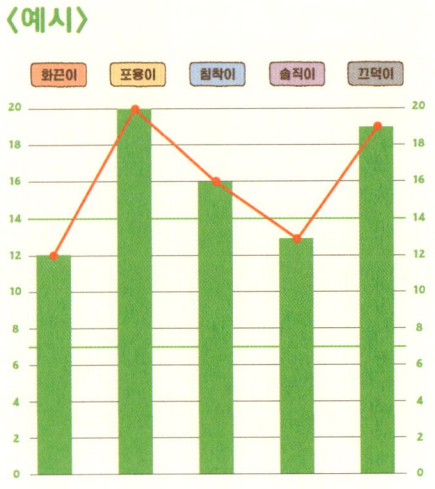

〈예시〉

| 화끈이 | 포용이 | 침착이 | 솔직이 | 끄덕이 |

가장 점수가 높게 나온 캐릭터에 ○표 해요.

| 화끈이 | 포용이 | 침착이 | 솔직이 | 끄덕이 |

가장 점수가 낮게 나온 캐릭터에 ○표 해요.

| 화끈이 | 포용이 | 침착이 | 솔직이 | 끄덕이 |

진단 결과에서 점수가 가장 높게 나온 캐릭터가 나의 1차 개성을 나타내고, 가장 낮게 나온 캐릭터가 나의 2차 개성을 나타냅니다.

원래 인간은 이 다섯 가지 성격을 다 가지고 있습니다. 정도의 차이가 있을 뿐, 한 사람 안에 다섯 개의 성격 캐릭터가 모두 존재합니다. 상황이나 상대에 따라 다른 캐릭터가 나오는 것이지요. 예를 들면, 학교에서는 대장 노릇을 하는 아이(화끈이)가 집에서는 부모님에게 순종적인 모습을 보이는 것(끄덕이)처럼요.

이 책에 제시된 캐릭터별 대사를 평소에 연습하세요. 저학년은 부모님과 선생님의 지도에 따라 연습해보길 바랍니다. 부모님이나 선생님 또한 자신의 성격 유형을 알고 있으면 아이들과 소통하는 데 도움이 됩니다. 성인의 성격 유형 진단과 자세한 설명은 《어른의 대화법》 책과 온라인 사이트(www.empoweredu.kr)를 참고하시길 바랍니다.

규칙이나 윤리에 어긋난 행동을 제지해야 할 때는 '화끈이'로 단호하게 말해야 해. 친구의 행동을 제지하지 않고 가만히 있거나 그냥 따르게 되면, 학교의 질서가 무너지고 나뿐만 아니라 다른 친구들에게도 피해를 주거든. 진지한 표정으로 목소리에 힘을 주어서 소리 내어 읽으며 대사를 따라 써봐. 그런 다음, 화끈이의 태도로 나의 잘못된 말과 행동을 떠올리며 스스로에게 편지도 써보자.

PART 1
'화끈이'로 단호한 말 쓰기

화끈이의 장점은 규칙을 잘 지키고 자신의 생각을 단호하게 말하는 거야. **화끈이처럼 단호한 말투로 소리 내어 읽으며 따라 써보자.**

새치기를 하는 친구에게

친구들과 함께 생활하는 학교에서는 다 같이 질서를 지키는 것이 매우 중요해.
새치기를 하는 친구에게는 차례를 지키자고 단호하게 말하자.

	새	치	기	를		하	면	
안		돼	.		차	례	를		지
키	자	!						

나쁜 행동을 부추기는 친구에게

친구가 나쁜 행동을 같이 하자고 한다면, "부추기지 마."라고 확실하게 말해야 해.
친구에게 휘둘리지 말고, 옳지 않은 일은 하지 않도록 하자.

	그	러	면		안		돼	.	
같	이		하	자	고		부	추
기	지		마	.					

뒤에서 내 험담을 하는 친구에게

누군가 나쁜 의도로 뒤에서 내 험담을 했다면 직접 말하라고 하자.
또, 가만히 참고 넘기면 잘못된 소문이 퍼질 수도 있으니 미리 바로잡자.

나한테 하고 싶은 말 있으면 직접 얘기해.

잘못해 놓고 사과를 안 하는 친구에게

친구가 사과를 하지 않을 때는 화를 내기보다 '잘못했을 때는 미안하다고 하는 것이 먼저'라는 점을 알려주고 "나한테 사과해"라고 단호하게 말하자.

그러면 안 되지. 네 잘못이니까 사과했으면 해.

급식 반찬을 뺏어 먹는 친구에게

모든 학생에게 공평하게 나눠주는 급식 반찬을 내 몫이 아닌데도 말도 없이 뺏어 먹는 건 잘못된 행동이 맞아. 뺏어 가지 말라고 확실하게 알려주자.

뺏어 가지 마. 먹고 싶으면 나한테 먼저 물어봐.

부모님에 대해 무례하게 말하는 친구에게

나의 부모님에 대해 잘 알지도 못하면서 함부로 말하는 건 참으면 안 되는 거야.
다시는 무례한 말과 행동을 하지 않도록 강한 어조로 확실하게 말해줘야 해.

	함	부	로		말	하	지
마	.	그	렇	게		말	하	면
안		되	지	.				

나를 때린 형제자매에게

폭력은 상대의 신체를 괴롭히면서 상처와 고통을 주는, 아주 나쁜 행동이야.
그러니 상대가 폭력을 쓴다면 반드시 제지해야 해.

때리지 마. 폭력을 쓰면 안 되지.

느린 학습자 친구를 괴롭히는 친구들에게

느린 학습자는 적절한 상황 이해와 판단, 대처 능력이 부족한 친구들이야.
친구의 부족한 점을 교묘하게 이용해 괴롭히는 것은 나쁜 행동이니 단호하게 말하자.

그만해. 괴롭히지 마. 우리가 배려해 줘야지.

나에게 쓰는 편지

나의 잘못된 말과 행동을 떠올리며, 화끈이처럼 나에게 편지를 써보자.

자꾸 거짓말을 하는 나에게

앗, 나도 모르게 자꾸 거짓말을 하게 되네.

거짓말은 하면 안 돼.

거짓말은 하면 안 돼.

나와 다른 사람을 속이는 일이야.

나와 다른 사람을 속이는 일이야.

나중에는 아무도 날 믿지 않을 거야.

나중에는 아무도 날 믿지 않을 거야.

잘못을 감추지 말고 솔직하게 말하자.

잘못을 감추지 말고 솔직하게 말하자.

숙제를 미루는 나에게

숙제 너무 하기 싫어.

숙제는 제때 해야 해.

숙제는 제때 해야 해.

숙제를 미루면 나중에 부담이 커져.

숙제를 미루면 나중에 부담이 커져.

내가 스트레스를 많이 받게 될 거야.

내가 스트레스를 많이 받게 될 거야.

숙제를 먼저 하고 나서 쉬자.

숙제를 먼저 하고 나서 쉬자.

친구의 입장이나 상황을 배려해야 할 때는 '포용이'로 공감하며 말하는 것이 좋아. 속상함, 억울함, 불안, 두려움 등 친구가 느끼는 감정에 주목해서 "속상하지…", "억울했구나"와 같이 감정을 읽으려고 해봐. 그리고 따뜻한 눈빛과 다정한 목소리로 소리 내어 읽으며 대사를 따라 써봐. 그런 다음, 포용이처럼 나 자신을 공감하고 토닥이며 스스로에게 편지도 써보자.

PART 2

'포용이'로 공감하는 말 쓰기

포용이의 장점은 배려심이 많고 친구의 감정에 공감하며 말하는 거야. **포용이처럼 부드러운 말투로 소리 내어 읽으며 따라 써보자.**

나를 좋아한다고 고백하는 친구에게

누군가에게 좋아하는 마음을 고백하는 것은 쉽지 않은 일이야. "싫어!"라고 냉정하게 말하기보다 친구의 마음에 공감해주면서 상처 받지 않도록 거절하자.

날 특별하게 생각해 줘서 고맙지만, 친구로 지내자.

혼자 있어서 외로워 보이는 친구에게

친구들에게 말 걸기 어려워하는 친구에게 먼저 다가가준다면 정말 고마워할 거야!
다만, 조용히 혼자 있고 싶을 수도 있으니 직접 물어서 확인해보자.

혼	자		있	으	면		심
심	하	지		않	아	?		우
리		같	이		놀	래	?

도움을 주고 싶은 친구에게

어려움이 있어 보이는 친구를 그냥 지나치지 않고 도와주려는 마음, 멋져. 다만, 친구에게 일방적으로 도움을 주기 전에 먼저 도움이 필요한지 물어보자.

	괜	찮	으	면	,		내	가
도	와	줄	까	?			혼	자
할		수		있	어	?		

칭찬해주고 싶은 친구에게

누군가 나를 인정해준다는 것은 정말 기분 좋은 일이지.
친구가 좋은 일을 했거나 친구에게 본받을 점이 있을 때 곧바로 칭찬해주자.

	쉽	지		않	은		일	인
데		정	말		멋	지	고	
대	단	해	.					

회장 선거에서 떨어진 친구에게

원하던 회장이 되지 못해 아쉽고 속상한 친구의 마음을 다독여주자.
먼저 다가가 격려하면 친구가 고마워하고 힘을 낼 거야.

많이 아쉽겠다.
다음에 다시 도전해봐.

감정을 못 이겨 씩씩대는 친구에게

자기 마음대로 안 되면 감정 조절이 안 되는 친구들이 있어. 이럴 때 옆에서 감정 조절을 할 수 있게 도와주자. 흥분을 가라앉히고 차분히 해보라고 타이르는 거야.

차분히 한번 해볼래? 내가 도와줄게.

실수해서 속상해하는 친구에게

열심히 공부했는데 실수로 시험을 망치면 무척 속상해. 이럴 때는 옆에서 위로하고 응원해주자. 친구의 마음에 공감해주면, 다시 일어설 수 있는 힘이 생길 거야.

아는 건데 실수한 것뿐이야. 다음에는 잘할 거야!

아끼는 반려동물을 잃은 친구에게

가족처럼 지냈던 사랑하는 존재를 더 이상 볼 수 없게 되면 너무 슬프고 마음이 힘들어질 수 있어. 진심으로 위로한다면 친구에게 큰 힘이 될 거야.

많이 슬프겠다.
강아지는 널 만나서 행복했을 거야.

마음대로 안 된다고 짜증을 내는 친구에게

일이 내 마음대로 안된다고 짜증을 내면 주변 사람들까지 불편해지고 분위기가 안 좋아져. 친구가 차분히 마음을 가라앉히고 다시 할 수 있도록 말해주자.

	뭐	가		잘		안		되
는		거	야	?		내	가	
도	와	줄	까	?				

승부욕이 과해서 게임을 망치는 친구에게

과도한 승부욕 때문에 하던 게임을 망치고, 놀이의 판을 뒤엎는 친구들이 있어. 친구의 마음을 다독여주되 더 이상 게임이 진행되지 않도록 중재하자.

	너		속	상	해	서		그
러	는	구	나	.		이	제	그
만	하	자	.					

나에게 쓰는 편지

나 자신을 공감하고 토닥이며, 포용이처럼 나에게 편지를 써보자.

외모가 마음에 안 드는 나에게

충분히 예쁘고 멋있는 나!

모든 꽃은 저마다 예뻐.

모든 꽃은 저마다 예뻐.

서로 경쟁하며 우열을 가리지 않아.

서로 경쟁하며 우열을 가리지 않아.

나만의 매력과 아름다움을 사랑하자.

나만의 매력과 아름다움을 사랑하자.

외모는 나의 일부일 뿐 전부가 아니야.

외모는 나의 일부일 뿐 전부가 아니야.

시험을 망쳐서 울적한 나에게

공부하느라 애썼어.

공부하느라 애썼어.

결과는 아쉽지만 내가 한 노력이

결과는 아쉽지만 내가 한 노력이

사라지는 건 아니야.

사라지는 건 아니야.

다음에는 더 잘할 수 있을 거야.

다음에는 더 잘할 수 있을 거야.

이성적이고 현실적으로 상황을 판단해야 할 때는 '침착이'로 차분하게 말해야 해. 이성적인 판단을 하지 못하면 분별력을 잃고 자기 생각만 고집하게 되거든. 무덤덤한 어조와 낮은 목소리로 소리 내어 읽으며 대사를 따라 써봐. 그런 다음, 침착이처럼 사실에 근거해서 생각하며 스스로에게 편지를 써보자.

PART 3

'침착이'로
객관적인 말 쓰기

침착이의 장점은 차분하게 말하고 객관적인 사실 중심으로 조리 있게 이야기를 하는 거야. **침착이처럼 차분한 말투로 소리 내어 읽으며 따라 써보자.**

1

서로 다른 의견을 상의하는 친구들에게

친구들과 먹고 싶은 메뉴나 가고 싶은 곳, 하고 싶은 것을 이야기할 일이 많아. 친구가 몇 명이든, 모두 자유롭게 자기 의견을 말하고 함께 상의해서 결정해야 해.

한		가	지	씩		생	각
해	보	고		결	정	하	자	.
의	견	을		정	리	할	게	.

2
내 경험과 의견을 궁금해하는 친구에게

"어땠어?"라고 갑자기 물어보면 난감할 때가 있어. 이럴 때는 내가 느낀 점을 기준에 맞게 얘기해봐. 예를 들면, '재미있었던 것'과 '재미없었던 것'으로 나눠봐.

재미있었던 건   이고, 재미없었던 건   이야.

3
방학에 한 일을 묻는 친구에게

방학 동안 내가 한 일을 떠올려봐. 아마 크고 작은 수많은 일들이 있었을 거야. 정리해서 말하고 싶을 때는 무엇부터 이야기할지 번호를 매기는 것이 좋아.

방학에 한 일 첫 번째는   이고, 두 번째는   이야.

4
길을 어떻게 찾아갈지 묻는 친구에게

길을 찾아가는 법을 설명해야 하는 경우가 있어. 이럴 때는 먼저 출발지와 도착지를 정확히 안내하고, 그 사이에 있는 대표적인 건물 등의 랜드마크를 알려주자.

에 가려면,

까지 가서

로 오면 돼.

5
새 학기 자기소개를 할 때 반 친구들에게

자기소개를 할 때는 인사를 하고 또박또박 이름을 말한 다음, 사물이나 동·식물, 음식, 캐릭터 등에 나를 비유하고 그 이유를 말하면 기억에 남을 거야.

안녕? 내 이름은   야. 나는

         같은 사람이야. 왜냐하면

                             거든.

6
어느 쪽을 결정할지 묻는 상대에게

어느 쪽으로 결정해야 좋을지 고민될 때는 내가 중요하게 생각하는
'우선순위'를 정한 후, 그걸 기준으로 대안들을 꼼꼼하게 비교해 보는 것이 좋아.

저는   가 더 좋아요.
왜냐하면,
                                  거든요.

7

내 사진을 보여달라고 하는 온라인 상대에게

온라인에서는 안전하게 친구를 사귀어야 해. 개인정보 등을 요구하는 상대가 있다면 이성적인 판단을 하되, 겉으로는 장난스럽게 이야기해서 상황을 잘 넘기자.

절대 안 돼. 부끄러워.

8

설명이 잘 이해되지 않을 때 선생님에게

선생님의 설명을 잘 이해하지 못했을 때는 그냥 넘어가면 안 돼.
알아들은 척하고 그냥 넘어가면 점점 모르는 것이 많아지고, 실수할 수 있거든.

선생님, 죄송한데 다시 말씀해주실래요?

나에게 쓰는 편지

이성적으로 생각하며, 침착이처럼 나에게 편지를 써보자.

발표를 앞두고 긴장한 나에게

사람들 앞에서 발표하려니까 너무 떨려.

연습한 것을 떠올려 보자.

연습한 것을 떠올려 보자.

첫째, 발표의 목적과 주제 잊지 않기.

첫째, 발표의 목적과 주제 잊지 않기.

둘째, 크게 말하며 제스처 사용하기.

둘째, 크게 말하며 제스처 사용하기.

셋째, 청중과 눈을 맞추며 소통하기.

셋째, 청중과 눈을 맞추며 소통하기.

계획이 틀어져서 당황한 나에게

당장 할 수 있는 걸 하자.

당장 할 수 있는 걸 하자.

몇 가지 대안을 찾아보고

몇 가지 대안을 찾아보고

우선순위를 정하면 돼.

우선순위를 정하면 돼.

상황을 받아들이고 문제를 해결하자.

상황을 받아들이고 문제를 해결하자.

자신의 의견이나 감정을 표현해야 할 때는 '솔직이'로 진실하게 말하는 것이 좋아. 나와 다른 의견을 내고, 다른 감정을 느끼는 사람도 있지만 나의 의견과 감정은 오롯이 나의 것이야. 감정이 담긴 표정과 목소리로 소리 내어 읽으며 대사를 따라 써봐. 그런 다음, 솔직이처럼 감정을 드러내고 감탄사도 사용하면서 스스로에게 편지를 써보자.

PART 4

'솔직이'로 감정 표현하는 말 쓰기

솔직이의 장점은 자신의 의견과 감정을 잘 드러내고 표현하는 거야. **솔직이처럼 진솔한 말투로 소리 내어 읽으며 따라 써보자.**

외모나 옷차림을 놀리는 친구에게

누군가의 겉모습을 내 멋대로 평가하고 상대에게 상처를 주는 말을 해서는 안 돼.
이런 놀림을 들었다면 솔직하게 "듣기 불편해"라고 내 마음을 표현하자.

너희가 그렇게 말하는 거 나는 듣기 불편해.

자기 생각만 고집하는 친구에게

모둠 활동을 할 때는 어느 한 사람이 아니라 모든 사람의 의견을 들어봐야 해.
무조건 "내가 맞아"라고 고집을 부리면 다툼이 생기게 돼.

모둠 활동이니까 모두의 의견을 듣고 결정하고 싶어.

갑자기 약속을 취소하는 친구에게

사정이 생겨서 약속을 취소하는 경우에는 너그러운 마음으로 이해해 줄 수 있어. 하지만 갑자기 약속을 취소 당해서 당황스러울 때는 서운한 마음을 표현하자.

이번에는 사정이 있었겠지만, 다음에는 미리 말해 줘.

내 칭찬을 하는 친구에게

칭찬과 감사의 표현은 자주 할수록 좋아.
친구들에게도 자주 해주고, 내가 받은 칭찬도 자연스럽게 받아들이자.

그렇게 말해줘서 고마워. 나도 기분이 좋네.

심하게 잘난 척을 하는 친구에게

다른 친구와 비교하는 것보다는 지금의 내 모습이 과거의 자신보다 얼마나 성장했는지가 더 중요해. 친구가 잘난 척하면서 나를 깎아내린다면 솔직하게 말하자.

상관없어. 괜찮아.
틀릴 수도 있지.
다음에 잘하면 돼.

속상한 일로 놀리는 친구에게

아주 가까운 친구 관계에서는 서로의 실수나 단점을 장난으로 놀릴 때가 있어.
하지만 장난이 지나쳐서 누군가 기분이 상한다면 그때는 멈춰야 해.

	장	난	인		건		아	는
데	,	속	상	하	니	까		안
웃	으	면		좋	겠	어	.	

다른 친구들과 못 놀게 하는 친구에게

사람은 소유하는 대상이 아니기 때문에, 친구에게 집착하면 관계에 문제가 발생해.
친구가 나에게만 집착하지 않고 다른 친구들과 어울릴 수 있게 도와주면 더 좋겠지?

너랑 노는 것도 좋지만, 다 같이 잘 지내고 싶어.

내 SNS에만 '좋아요'를 안 누르는 친구에게

친구가 내 SNS에 반응을 해주지 않으면 서운할 수 있지만,
심각하게 받아들일 필요는 없어. "나도 '좋아요' 눌러줘."라고 솔직하게 말하면 돼.

	나	한	테	만		반	응	을
안		해	줘	서		서	운	해	.
내		것	도		눌	러	줘	.

나에게 쓰는 편지

감정을 드러내고 감탄사도 사용하면서, 솔직이처럼 나에게 편지를 써보자.

상을 받은 친구가 부러운 나에게

어휴, 친구만 상을 받았네.

솔직히 친구가 부러워.

솔직히 친구가 부러워.

나도 열심히 했는데,

나도 열심히 했는데,

어휴, 마음이 속상해.

어휴, 마음이 속상해.

그래도 열심히 한 내가 기특해!

그래도 열심히 한 내가 기특해!

목표를 이뤄서 자랑스러운 나에게

우아, 내가 해내서 기뻐!

우아, 내가 해내서 기뻐!

뭐든 할 수 있다는 자신감이 생겼어.

뭐든 할 수 있다는 자신감이 생겼어.

축하해! 잘했어! 대견해!

축하해! 잘했어! 대견해!

오늘은 나 자신을 칭찬해주자!

오늘은 나 자신을 칭찬해주자!

타협하거나 상대의 의견을 받아들여야 할 때는 '끄덕이'로 한발 물러서서 말하는 것이 좋아. 내 생각이나 의견을 말하기 전에 상대의 상황과 반응을 먼저 살피면서 말이야. 조심스럽게 수긍하는 말투로 소리 내어 읽으며 대사를 따라 써봐. 그런 다음, 모든 것을 내 뜻대로만 할 수 없다는 점을 생각하면서 끄덕이처럼 스스로에게 편지를 써보자.

PART 5
'끄덕이'로 양보하는 말 쓰기

끄덕이의 장점은 친구들에게 잘 맞춰주고 양보하며 말하는 거야. **끄덕이처럼 조심스러운 말투로 소리 내어 읽으며 따라 써보자.**

1 사과를 받아주지 않는 친구에게

내가 용기 있게 사과를 했다면 친구도 긍정적으로 생각하고 있을 거야.
다만 친구가 마음이 상해서 시간이 조금 필요할 수 있으니, 미안해하며 기다리자.

미안해. 마음이 풀릴 때까지 내가 기다릴게.

같이 찍은 사진을 올리지 말라는 친구에게

친구의 얼굴이 나온 사진을 온라인에 올리려면 친구의 동의를 받는 게 맞아.
친구가 원하지 않는다면 한발 물러서는 게 진정으로 멋진 모습이야.

알았어. 네가 마음에 안 들면 안 올릴게.

3
내 부탁을 거절하는 친구에게

친구에게 무언가를 해달라고 부탁했을 때, 때로는 거절 당할 수도 있어.
거절 당하면 부끄러운 마음이 들 수 있지만 담담하게 받아들여야 마음이 편해져.

아, 그렇구나. 그래, 알겠어. 어쩔 수 없지.

내 실수에 기분 나빠하는 친구에게

내가 실수했을 때 친구가 기분 나쁜 티를 낼 수도 있어.
이럴 때는 내 잘못을 인정하고 친구에게 피해를 준 것에 대해 사과하자.

미안해. 다음에는 조심할게.

절교 선언을 한 친구에게

친구와 관계를 맺는 것만큼 잘 끊는 것도 매우 중요해. 다만, 절교하자는 친구가 사실은 속상한 마음을 표현하는 것일지도 모르니, 친구의 생각을 물어보자.

뭐 서운한 거 있어? 왜 절교하고 싶은 건데?

6
소외 당했다고 느껴서 삐진 친구에게

친구가 소외 당했다고 느꼈을 때, 서운한 마음을 내비칠 수 있어.
가볍게 말하기보다는 친구가 서운해하는 마음을 그대로 인정해주자.

미안. 일부러 말해주기 싫어서 그런 거 아니야.

다른 친구를 좋아하는 이성 친구에게

친구가 다른 친구를 좋아한다고 하면 주눅 들거나 의기소침해질 수 있어.
마음이 아프겠지만 상황을 받아들이고, 친구의 행복을 바라는 것이 멋진 행동이야.

그랬구나. 괜찮아.
누군가를 좋아하는
건 네 마음인걸.

내 잘못을 꾸중하는 어른에게

꾸중을 들을 때 순간적으로 부정적인 감정이 튀어나올 수 있어.
하지만 내가 잘못한 게 맞다면 어른의 말을 받아들이고 반성하자.

죄송합니다. 그렇게 할게요.

나에게 쓰는 편지

모든 것을 내 뜻대로만 할 수 없는 것을 인정하며, 끄덕이처럼 나에게 편지를 써보자.

맡은 역할이 아쉬운 나에게

> 이번에는 다른 친구들에게 양보하지 뭐.

마음에 안 들어도 해보자.

마음에 안 들어도 해보자.

모두 자기가 좋아하는 역할만

모두 자기가 좋아하는 역할만

할 수는 없잖아.

할 수는 없잖아.

다음에 나에게도 기회가 있을 거야.

다음에 나에게도 기회가 있을 거야.

친구 장난감으로 놀고 싶은 나에게

친구한테 안 망가뜨리고

조심히 가지고 놀겠다고 말해야겠다.

다시 달라고 할 때 돌려줄 거고.

만약 친구가 거절하면 어쩔 수 없지.

부록 말하기 일기 노트

나는 평소에 어떤 캐릭터에 가깝게 말하나요? 먼저, 친구들이 쓴 예시를 살펴보며 내 마음을 돌이켜보세요. 그다음, 최근에 내가 했던 말을 생각하며 알맞은 캐릭터에 ○표 하고 일기를 써보세요.

친구들이 쓴 말하기 일기 노트

오늘 나는 **화끈이**로 말했어. 왜냐하면 엄마에게 "길 가다가 쓰레기를 버리면 안 돼!"라고 말했거든.

나는 어제 **포용이**처럼 말했어. 학교 친구에게 "잘 안 되면 내가 도와줄까?"라고 말했기 때문이야.

나는 **침착이**로 말했어. 오늘 친구들에게 내가 공부한 내용을 침착하게 발표했기 때문이야.

오늘 나는 **솔직이**처럼 말했어. 아빠에게 "운전하면서 화를 내니까 많이 무서워."라고 말했기 때문이야.

나는 **끄덕이**처럼 말한 일이 떠올라. 언니가 꼭 약속을 지켜 달라고 해서 내가 알겠다고 했거든.